新新世纪 ◎ 编

藏在古文观止里的
那些事儿

9
宋文

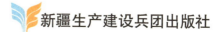
新疆生产建设兵团出版社

《古文观止》中的
那些 经典语句

苏 轼　造物不自以为功，归之太空。太空冥冥，不可得而名。

◎《喜雨亭记》

苏 轼　凡物皆有可观。苟有可观，皆有可乐，非必怪奇伟丽者也。

◎《超然台记》

苏 轼　事不目见耳闻，而臆断其有无，可乎？

◎《石钟山记》

苏 轼　寄蜉蝣于天地，渺沧海之一粟。哀吾生之须臾，羡长江之无穷。

◎《前赤壁赋》

苏 轼　山高月小，水落石出。

◎《后赤壁赋》

苏 轼 皆弃不取，独来穷山中，此岂无得而然哉？

◎《方山子传》

苏 辙 盖未尝不咎其当时之士，虑患之疏而见利之浅，且不知天下之势也。

◎《六国论》

王安石 孟尝君特鸡鸣狗盗之雄耳，岂足以言得士？

◎《读〈孟尝君传〉》

王安石 尽吾志也而不能至者，可以无悔矣。

◎《游褒禅山记》

目 录

宋文

沧海一粟羡长江

苏轼

　　苏轼，字子瞻，号东坡居士，眉州眉山（今四川眉山）人。北宋文学家、书画家。仁宗嘉祐二年（1057）进士，神宗时因与王安石政见不合请求外调，历任杭州通判与密、徐、湖三州知州。因作诗讽刺新法，被贬为黄州团练副使。哲宗朝，召为翰林学士，新党再度执政，又贬惠州，再贬儋^{dān}州（位于今海南岛）。徽宗即位，被赦免，归途中死于常州。"唐宋八大家"之一，宋代四大书法家之一，他的诗、词、文均代表了北宋文学的最高水平。

喜雨亭记

　　这座亭子以雨命名，是为了记载一件喜事。古人逢到喜事，便要在器物上铭刻下来，以示不忘。周公得到禾，便以《嘉禾》作为他的书名；汉武帝得到鼎，便以元鼎作为他的年号；叔孙得臣打败狄人侨如，便以"侨如"作为自己儿子的名字。他们的喜事虽然大小不同，但是表示永不忘记的用意却是一样的。

　　我到扶风的第二年才开始建造官舍。在厅堂北面筑了一座亭子，在南面开了一口池塘，引来了水，种上了树，作为休息的地方。这年春天，在岐山的南面下起了麦雨，占卜后认为是丰年之兆。接着又整月不下雨，人们开始为此而忧虑。过了三月，四月的乙卯日下起了雨，隔了九天的甲子日又下了雨，可是人们还是觉得不够。丁卯那天下起了大雨，三天三夜才停止。官吏在厅堂上相互庆贺，商人在市场上相互唱和，农人在田头

欢舞，忧虑的人变得高兴，患病的人转为康复，而我的亭子也在这个时候建成了。

于是我在亭上摆开酒宴，向客人劝酒并告诉他们说："如果五天不下雨，行吗？你们一定说：'五天不下雨，麦子就长不成了。'要是十天都不下雨呢？你们一定会说：'十天不下雨，稻子就长不成了。'无麦无稻，就会产生连年的饥荒，诉<ruby>讼<rt>sòng</rt></ruby>就会日益增多，而盗贼也会<ruby>猖獗<rt>chāng jué</rt></ruby>起来。这样，我和诸位即使想在这亭中悠闲地宴饮欢乐，能办得到吗？如今上天不遗弃这里的人民，刚开始干旱便赐下了雨水，使我与诸位能够悠闲而快乐地在这亭中欢乐，这都是雨的恩赐啊！又怎么可以忘记呢？"

给亭子命名之后，接着又作了歌，歌词说："假使上天落下的是珍珠，受冻的人不能用它做棉衣；假使上天落下的是宝玉，挨饿的人不能拿它当粮食。如今一连三日大雨，这是谁的力量？百姓说是太守，太守不敢承担这样的称誉，把它归功于皇上；皇上说不是这样，把它归功于造物主；造物主不认为是自己的功劳，把它归功于太空。太空高<ruby>邈<rt>miǎo</rt></ruby>难测，不能命名。我就用'雨'来为我的亭子命名。"

原文欣赏

　　亭以雨名。志①喜也。古者有喜，则以名物，示不忘也。周公得禾②，以名其书；汉武得鼎③，以名其年；叔孙胜敌④，以名其子。其喜之大小不齐，其示不忘一也。

　　予至扶风之明年，始治官舍。为亭于堂之北，而凿池其南，引流种树，以为休息之所。是岁之春，雨麦于岐(qí)山之阳，其占为有年。既而弥月不雨，民方以为忧。越三月，乙卯乃雨，甲子又雨，民以为未足。丁卯大雨，三日乃止。官吏相与庆于庭，商贾相与歌于市，农夫相与忭(biàn)⑤于野，忧者以喜，病者以愈，而吾亭适成。

　　于是举酒于亭上，以属客而告之，曰："五日不雨可乎？"曰："五日不雨则无麦。""十日不雨可乎？"曰："十日不雨则无禾。""无麦无禾，岁且荐饥⑥，狱讼繁兴而盗贼滋炽⑦。则吾与二三子，虽欲优游以乐于此亭，其可得耶？今天不遗斯民，始旱而赐之以雨，使吾与二三子得相与优游而乐于此亭者，皆雨之赐也。其又可忘耶？"

既以名亭，又从而歌之，曰："使天而雨珠，寒者不得以为襦^⑧；使天而雨玉，饥者不得以为粟。一雨三日，伊谁之力？民曰太守，太守不有，归之天子。天子曰不然，归之造物。造物不自以为功，归之太空。太空冥冥，不可得而名。吾以名吾亭。"

注释

① 志：记。② 周公得禾：周成王曾经赐给周公一株异株合穗的谷子，周公便写下了《嘉禾》。③ 汉武得鼎：汉武帝元狩六年（前116）夏，在汾水上得宝鼎，于是改元为元鼎元年。④ 叔孙胜敌：春秋时鲁国的叔孙得臣曾率军击败狄人，俘获其国君侨如，于是将自己的儿子起名为"侨如"。⑤ 忭：高兴。⑥ 荐饥：连年饥荒。荐：一再。⑦ 滋炽：滋生势盛。⑧ 襦：短袄。

写作技巧

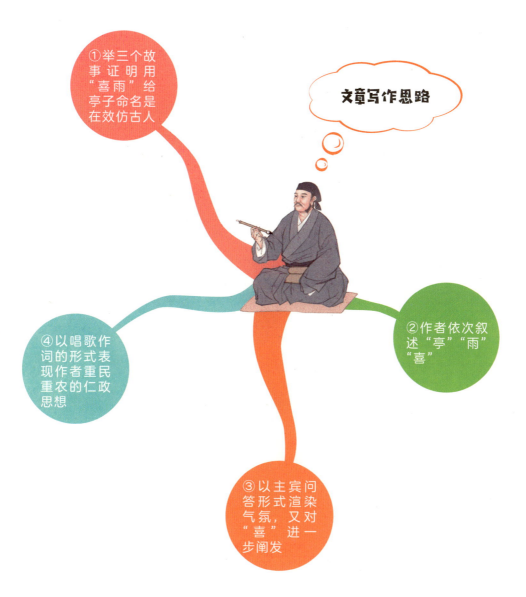

文章写作思路

①举三个故事证明用"喜雨"给亭子命名是在效仿古人

②作者依次叙述"亭""雨""喜"

③以主宾问答形式渲染气氛，又对"喜"进一步阐发

④以唱歌作词的形式表现作者重民重农的仁政思想

超然台记

大凡事物都有值得观赏的地方。只要有值得观赏的地方，就一定存在着乐趣，不一定非要奇怪、伟丽的东西不可。食酒糟、饮淡酒，都能醉人；瓜果蔬菜，都能让人吃饱。以此类推，我在哪里寻不到快乐呢？

人们之所以要寻求幸福，躲避灾祸，是因为幸福让人欣喜，灾祸让人悲哀。人的欲望是无穷无尽的，而事物满足人们欲望的程度却是有限的。如果心中总存在着美与丑的斗争，眼前总存在着取与舍的抉择，那么能得到的快乐常常是很少的，而忧愁悲伤的事常常是很多的。这就是所谓的追求祸患而告别幸福。追求祸患和告别幸福，难道是人之常情吗？这是外物对人有所蒙蔽啊！那些人是活在事物的里面，而没有活在它们的外面。事物并没有大小的分别，但如果在它的内部看它，都觉得它是又高又大的。它倚仗着它的高大来俯视我，那我就会常常昏乱反复，如同从缝隙中观看别人打斗，又怎能知道决定胜负的因素在哪里？所以美好和丑恶交替产生，忧愁和快乐也就出现了。

这不是让人非常悲哀的事情吗？

　　我从钱塘调任密州知州以后，放弃了乘舟船的安逸，而忍受车马的奔波劳苦；辞别了华丽的厅堂，却栖身于简陋的房屋；离开了湖光山色的美好景致，而来到这遍种桑麻的田野之中。刚来的时候，庄稼连年歉收，盗贼到处都是，诉讼案件充斥着官府，而厨房中却空空如也，天天就吃些枸杞、菊花之类的东西。别人必定会认为我是不快乐的。但是在这个地方住了一年，容颜却变得更加丰润，头上的白发也在日益返黑。我已经喜欢上了这里的淳朴民风，而这里的吏民也习惯了我的笨拙。于是我整理园林，清扫庭院，砍伐安邱、高密的树木，来修补破败

的地方，作为暂时修缮这园林的办法。在园子的北边，靠着城墙所筑的高台已经很是破旧了，我将它稍加修缮，使它焕然一新。

有时和朋友宾客们一起登台玩赏，在那里放飞自己的思绪，让自己的心志自由驰骋。向南能望见马耳山、常山，它们若隐若现，若近若远，我想那山里应该会有隐居的君子吧？向东望去则能看见庐山，那是秦人卢敖遁世隐居的地方。向西望有穆陵，隐隐约约像一座城郭，姜太公、齐桓公的丰功伟业，还在那里保存着。向北能俯视潍水，观之令人慨然叹息，回想起淮阴侯韩信的赫赫战功，为他的不得善终而哀叹。这个台子高大而且安稳，深广而且明亮，夏凉而冬暖。雨雪的天气，清风明月的夜晚，我没有不在这里的时候，宾客也没有不跟从我到这里来的。于是采摘园中的菜蔬，捕捞池塘中的鲜鱼，酿了黄米酒，煮了粗米饭，边品尝边说："在这里游赏是多么快乐啊！"

这个时候，我的弟弟子由正在济南，听到了这情景便作了一篇赋，给这个台子起名叫"超然台"。以此来表示我无论去到哪里都能十分快乐，大概是因为我超然于物外的缘故。

原文欣赏

　　凡物皆有可观。苟有可观，皆有可乐，非必怪奇伟丽者也。哺糟啜醨①，皆可以醉；果蔬草木，皆可以饱。推此类也，吾安往而不乐？

　　夫所为求福而辞祸者，以福可喜而祸可悲也。人之所欲无穷，而物之可以足吾欲者有尽。美恶之辨战于中，而去取之择交乎前，则可乐者常少，而可悲者常多。是谓求祸而辞福。夫求祸而辞福，岂人之情也哉？物有以盖②之矣。彼游于物之内，而不游于物之外。物非有大小也，自其内而观之，未有不高且大者也；彼挟其高大以临我，则我常眩乱反复，如隙中之观斗，又乌知胜负之所在？是以美恶横生，而忧乐出焉，可不大哀乎？

　　予自钱塘移守胶西，释舟楫之安而服车马之劳，去雕墙之美而庇采椽③之居；背湖山之观而行桑麻之野。始至之日，岁比④不登，盗贼满野，狱讼充斥，而斋厨索然，日食杞菊。人固疑予之不乐也，处之期年而貌加丰，发之白者，日以反黑。予既乐其风俗之淳，而其吏民亦安予之拙也。于是治其园囿，洁其庭宇，伐安邱、高密之木，以修补破败，为苟完之计。而园之北，因城以为台者旧矣，稍葺而新之。

时相与登览，放意肆志焉。南望马耳、常山，出没隐见，若近若远，庶几有隐君子乎？而其东则庐山，秦人卢敖之所从遁也。西望穆陵，隐然如城郭，师尚父、齐威公之遗烈犹有存者。北俯潍水，慨然大息，思淮阴⑤之功，而吊⑥其不终。台高而安，深而明，夏凉而冬温。雨雪之朝，风月之夕，予未尝不在，客未尝不从。撷^{xié}⑦园蔬，取池鱼，酿秫^{shú}酒⑧，瀹^{yuè}⑨脱粟而食之，曰："乐哉！游乎！"

方是时，予弟子由⑩适在济南，闻而赋之，且名其台曰"超然"。以见予之无所往而不乐者，盖游于物之外也。

注释

①饷：食，吃。糟：酒糟。啜：饮。醨：淡酒。②盖：蒙蔽，遮盖。③采椽：指简陋的房屋。④比：连续，频频。⑤淮阴：指西汉大将淮阴侯韩信。韩信曾于潍河岸破楚军二十万，后因谋反罪被杀。⑥吊：哀伤，感怀。⑦撷：采摘。⑧秫酒：黏高粱酿的酒。⑨瀹：煮。⑩子由：苏辙，字子由，苏轼之弟。

写作技巧

文章写作思路

① 从正面论述超然于物外的快乐

② 从反面论述不超然必会悲哀的道理

④ 交代苏辙为此台命名并作赋的事

③ 叙述调任密州知州，治园修台，游而得乐的情景

石钟山记

《水经》上说："彭蠡湖的湖口，有一座石钟山。"郦道元认为是石钟山下临深潭，每当微风吹动波浪，那波浪冲击着山石，于是发出像洪钟一样的声响。这种说法，人们常常有所怀疑。现在将钟、磬（qìng）放在水中，即使大风浪也不能使它们鸣响，何况是石头呢！到了唐朝，李渤开始寻访郦道元所记述的石钟山的遗址，在深潭之上得到了两块石头，将两块石头相叩击，然后侧耳聆听，只觉得南边的声音模糊不清，北边的声音清脆悠扬。停止叩击后，还是余音袅袅，许久才消失。李渤自以为解得了石钟之说的奥秘所在。但是他的这种说法，我还是有所怀疑。能够发出铿（kēng）然之声的石头，比比皆是，但是只有此地以钟为名，这是为什么？

元丰七年（1084）六月丁丑这一天，我从齐安乘舟到临汝去，而大儿子苏迈将要到饶州德兴县去任县尉。我送他送到了湖口，因而得以看到了所谓的石钟山。庙里的僧人让小童拿着斧头，在乱石中选择了一两块，互相叩击，发出了硿（kōng）硿的响声。

18

我当然是觉得可笑，并不相信这就是石钟山名字的由来。到了那天夜里，月光明亮，我只带了迈儿乘着小舟来到绝壁之下。那巨大的石壁耸立在水边，高达千尺，如同猛兽奇鬼一样，阴森森的好像要向人扑来。而在山上栖息的鹘^{hú}鸟，听到人的声音也惊叫着飞了起来，在云霄间磔^{zhé}磔地叫着。山谷中还传来像老人一边咳嗽一边笑的声音，有人说这是鹳^{guàn}鹤。我刚刚觉得有些害怕而想要回去的时候，水上忽然发出了巨大的响声，声音洪亮如同钟鼓齐鸣，连续不断。船夫十分惊恐。缓慢地靠近并且考察缘由，原来是山的下面都是些孔洞石缝，不能知道它们的深浅，微波冲入其中，荡漾澎湃之间便发出了这种声音。船回到两山

之间，将要进入港口的时候，有一块大石头横在水中间，它的上面能坐一百个人，中空而多孔，与风和水互相吞吐，发出 <ruby>窾<rt>kuǎn</rt></ruby> <ruby>坎镗鞳<rt>tāng tà</rt></ruby> 的声音，与方才听到的钟鼓之声互相应和，好似演奏音乐一般。我因此笑着对迈儿说："你知道吗，发出如钟鼓一样声响的，是周景王的无射大钟；发出窾坎镗鞳声音的，是魏献子的编钟。古代的人真是没有欺骗我们啊！"

凡事不目见耳闻就主观决断它的有无，这可以吗？郦道元的所见所闻大概和我的相同，但是没有详细记述下来；士大夫始终不肯夜泊小舟于绝壁之下，所以不能知晓；渔人船夫虽然知道真相，但却不能记述。这就是石钟山名字的由来不能流传于世的原因。而见识浅薄的人竟然用斧头一类的东西敲击石头来探求钟声，自己还以为是得到了真相。我因此把这些记录了下来，是叹惜郦道元记事的简略，讥笑李渤的见识浅陋啊！

原文欣赏

　　《水经》云："彭蠡①之口有石钟山焉。"郦元以为下临深潭，微风鼓浪，水石相搏，声如洪钟。是说也，人常疑之。今以钟磬置水中，虽大风浪不能鸣也，而况石乎！至唐李渤始访其遗踪，得双石于潭上，扣而聆之，南声函胡②，北音清越，桴③止响腾，余韵徐歇。自以为得之矣。然是说也，余尤疑之。石之铿然有声者，所在皆是也，而此独以钟名，何哉？

　　元丰④七年六月丁丑，余自齐安舟行适临汝，而长子迈⑤将赴饶之德兴尉，送之至湖口，因得观所谓石钟者。寺僧使小童持斧，于乱石间择其一二扣之，硿硿⑥焉。余固笑而不信也。至暮夜月明，独与迈乘小舟，至绝壁下。大石侧立千尺，如猛兽奇鬼，森然欲搏人；而山上栖鹘，闻人声亦惊起，磔磔⑦云霄间；又有若老人咳且笑于山谷中者，或曰此鹳鹤也。余方心动欲还，而大声发于水上，噌吰⑧如钟鼓不绝。舟人大恐。

徐而察之，则山下皆石穴罅^⑨，不知其浅深，微波入焉，涵澹^⑩澎湃而为此也。舟回至两山间，将入港口，有大石当中流，可坐百人，空中而多窍，与风水相吞吐，有窾坎镗鞳^⑪之声，与向之噌吰者相应，如乐作焉。因笑谓迈曰："汝识之乎？噌吰者，周景王之无射也；窾坎镗鞳者，魏庄子之歌钟也。古之人不余欺也！"

事不目见耳闻，而臆断其有无，可乎？郦元之所见闻，殆^⑫与余同，而言之不详；士大夫终不肯以小舟夜泊绝壁之下，故莫能知；而渔工水师虽知而不能言。此世所以不传也。而陋者乃以斧斤考^⑬击而求之，自以为得其实。余是以记之，盖叹郦元之简，而笑李渤之陋也。

注释

① 彭蠡：鄱阳湖的别称。② 函胡：重浊而含混。③ 桴：本意鼓槌，这里作敲击讲。④ 元丰：宋神宗年号。⑤ 迈：即苏迈，苏轼的长子，字伯达。⑥ 硿硿：金石相撞击的声音。⑦ 磔磔：鸟鸣声。⑧ 噌吰：形容钟鼓的声音。⑨ 罅：裂缝，缝隙。⑩ 涵澹：水波荡漾的样子。⑪ 窾坎镗鞳：象声词，形容钟鼓的声音。⑫ 殆：大概。⑬ 考：敲，击。

写作技巧

文章写作思路

1. 疑

① 提出郦道元的说法，别人对此表示怀疑

② 引出李渤的说法并质疑

2. 察

① 实地考察石钟山，探明其名由来

② 发现"石穴罅"和"大石当中流"

3. 结论

① 点明主旨：认识事物必须"目见耳闻"，不要主观臆断

② 点明目的："叹郦元之简""笑李渤之陋"

前赤壁赋

宋神宗元丰五年（1082）秋天，七月十六日，我和客人泛舟于赤壁之下。清风徐徐地吹来，水面上没有波浪。举起酒杯，邀客人同饮，吟诵起《明月》诗篇的"窈窕^{yǎo tiǎo}"一章。一会儿，月亮从东山上升起，徘徊在斗宿^{dǒu xiù}、牛宿之间，白蒙蒙的雾气笼罩着江面，波光闪动的水面遥接着天边。我们任凭小舟自由漂流，游走在浩渺无垠的江面上。江水浩瀚啊，船儿像凌空驾风而行，而不知道将停留在什么地方；人儿飘飘啊，像独自站在了尘世之外，要生出翅膀飞升成仙。

这时候，喝着酒，心中更加快乐，便敲着船舷唱起歌来。歌词说："桂木做的棹^{zhào}啊兰木做的桨，拍击着清澈明亮的江水啊，在月光浮动的江面上逆水行走。我的情思悠远深沉啊，心中思念的美人，却在遥远的地方。"客人中有会吹洞箫的，随着歌声吹奏起来，那箫声呜咽，像在埋怨，像在思慕，像在抽泣，像在倾诉。一曲奏完，余音悠长，像轻丝一样不能断绝。深渊里潜藏的蛟龙为之起舞，孤舟中悲凉的寡妇为之哭泣。

　　我不禁黯(àn)然神伤，于是整理好衣襟，端坐起来，问客人说："为什么奏出这样悲凉的音乐呢？"客人回答说："'月光明亮，星儿稀少，乌鹊向南飞去。'这不是曹孟德的诗句吗？从这里向西望去是夏口，向东望去是武昌，山水相缠绵，景色郁郁苍苍，这不就是曹操被周瑜打败的地方吗？当他夺取荆州，攻下江陵，顺江东下的时候，战船连接千里，旌(jīng)旗遮蔽天空；他把酒临江，横握长矛赋诗，那真是一世的豪杰啊，可如今却在哪里呢？何况我和你在江中的小洲上捕鱼砍柴，以鱼虾为伴，以麋(mí)鹿为友，驾着一叶小舟，举着酒杯互相劝酒，将如同蜉蝣(fú yóu)一样短暂的生命寄托于天地之间，渺小得像大海里的一粒米，悲叹我们生命的短暂，羡慕长江的不尽东流。愿与神仙相伴而遨游，也想同明月相守而长存。知道这样的愿望是不能突然实现的，于是只能借着箫声将这无穷的遗恨寄托在悲凉的风中。"

我对客人说："你也知道那水和月的道理吗？江水是这样不停地流走，可它依然存在啊；月亮时而圆时而缺，但它始终是那个月亮，并没有消损和增长。如果从变化的角度去看，那么天地间的万事万物，没有一刻能够保持不变；如果从不变的角度去看，那么事物和我们本身都不会有穷尽的时候，又有什么可羡慕的呢？再说那天地之间的万事万物都有自己的主宰，如果不是我们的东西，即使是一丝一毫也不能得到。只有江上的清风与山间的明月，耳朵听到了，就成了声音，眼睛看到了，就成了色彩，得到它们没有人禁止，享用它们没有竭尽的时候。这是大自然无穷无尽的宝藏啊，是我和你可以共同享受的东西。"

客人们听了这番话都高兴地笑了起来，于是洗净了酒杯，重斟再饮。菜肴和水果都已经吃完，酒杯和盘子杂乱地放着。我与客人们相互枕着靠着在船里睡着了，不知不觉中东方已然发白。

原文欣赏

壬戌^①之秋，七月既望，苏子与客泛舟游于赤壁之下。清风徐来，水波不兴。举酒属^②客，诵明月之诗，歌窈窕之章。少焉，月出于东山之上，徘徊于斗牛^③之间。白露横江，水光接天。纵一苇之所如，凌万顷之茫然。浩浩乎如冯虚^④御风，而不知其所止；飘飘乎如遗世独立，羽化而登仙。

于是饮酒乐甚，扣舷而歌之。歌曰："桂棹兮兰桨，击空明兮溯^⑤流光。渺渺兮予怀，望美人兮天一方。"客有吹洞箫者，倚歌而和之。其声呜呜然，如怨如慕，如泣如诉，余音袅袅，不绝如缕。舞幽壑之潜蛟，泣孤舟之嫠妇^⑥。

苏子愀然^⑦，正襟危坐而问客曰："何为其然也？"客曰："'月明星稀，乌鹊南飞'，此非曹孟德之诗乎？西望夏口，东望武昌，山川相缪^⑧，郁乎苍苍，此非孟德之困于周郎者乎？方其破荆州，下江陵，顺流而东也，舳舻^⑨千里，旌旗蔽空，酾^⑩酒临江，横槊^⑪赋诗，固一世之雄也，而

27

今安在哉？况吾与子渔樵于江渚之上，侣鱼虾而友麋鹿，驾一叶之扁舟，举匏(páo)樽以相属。寄蜉蝣[12]于天地，渺沧海之一粟。哀吾生之须臾，羡长江之无穷。挟飞仙以遨游，抱明月而长终。知不可乎骤得，托遗响于悲风。”

苏子曰：“客亦知夫水与月乎？逝者如斯，而未尝往也；盈虚者[13]如彼，而卒莫消长也。盖将自其变者而观之，则天地曾不能以一瞬；自其不变者而观之，则物与我皆无尽也，而又何羡乎！且夫天地之间，物各有主，苟非吾之所有，虽一毫而莫取。惟江上之清风，与山间之明月，耳得之而为声，目遇之而成色，取之无禁，用之不竭，是造物者之无尽藏也，而吾与子之所共适[14]。”

客喜而笑，洗盏更酌。肴核既尽，杯盘狼藉(jí)[15]。相与枕藉(jiè)乎舟中，不知东方之既白。

注释

① 壬戌：宋神宗元丰五年（1082）。② 属：敬酒，劝酒。③ 斗牛：星宿名，即牛宿和斗宿。④ 冯虚：凌空。冯：同"凭"。⑤ 溯：逆水而上。⑥ 嫠妇：寡妇。⑦ 愀然：形容神色变得严肃。⑧ 缪：同"缭"。⑨ 舳舻：泛指船只。⑩ 酾：斟酒。⑪ 槊：长矛。⑫ 蜉蝣：虫名，生存期极短。⑬ 盈虚者：指月亮。⑭ 适：享受。⑮ 狼籍：即"狼藉"，凌乱。

写作技巧

① 写夜游赤壁的情景

文章写作思路

⑤ 写客人转悲为喜，开怀畅饮

② 写作者饮酒放歌的欢乐和客人悲凉的箫声

④ 作者针对客人的感慨陈述自己的见解

③ 写客人对人生短促无常的感慨

后赤壁赋

　　这一年的十月十五日，我从雪堂走来，准备回到临皋<ruby>皋<rt>gāo</rt></ruby>去。有两位客人跟从着我，经过黄泥坂。这时，霜露已经降下，树叶完全脱落了，我看见了地上的人影，于是抬起头来，看到了一轮明月已经赫然挂在天上。我和客人们相视而笑，便一边走一边唱和着。过了一会儿，我不禁叹息说："有客没有酒，有酒没有菜，月儿这么亮，风儿这么清，叫我们如何消受这美好的夜晚呢？"一位客人说："今天黄昏的时候，我网到了一条鱼，大大的嘴巴，小小的鳞片，样子很像是松江鲈鱼。可是到哪里去弄到酒呢？"我回到家后去与妻子商议。妻子说："我有一斗酒，保存好久了，就是用以应付你临时的需要的。"

　　于是带了酒和鱼，又去赤壁下面游赏。江里的流水发出声响，江岸上的峭壁高达千尺。山峰高耸，月亮显得很小；江水落去，江石显露了出来。这才过了多少时日啊，而这江与山的面貌却变了很多，都让人认不出了。我于是撩起衣襟，舍舟上岸，走在险峻的山路之上，拨开杂乱的野草；一会儿坐在形如虎豹的山石上，一会儿又爬上状如虬(qiú)龙的古树，攀到高高的鹊鸟栖宿的窝，低头看水神冯夷的宫府。那两位客人竟不能跟上来。我放声长啸，啸声划过长空，草木为之震动，高山为之鸣响，深谷为之呼应，风为之吹起，水为之奔涌。我也默默地感到有些悲伤，随之又肃然而感到恐惧，再也不想在这阴森肃杀的地方停留。于是我们返回到江边小舟之上，把船撑到了江心，听凭它随水漂流，它停在哪里我们就在哪里休息。这时将近

半夜了，环顾四周，江山一片寂寥。恰巧有一只白鹤，横穿大江，从东飞来，翅膀有如车轮大小，黑裙白衣，戛然长鸣了一声，便掠过我的小船向西飞去了。

一会儿，客人走了，我也沉沉睡去。梦中见到了一个道士，穿着羽毛做的衣服，轻快地从临皋亭下经过，他向我拱手行礼说："这次的赤壁之游尽兴吗？"我问他的姓名，他低着头不回答。"哎呀！我知道了。昨天晚上，一边叫一边飞过我的小船的，不是你吗？"道士回头对我笑了笑，我也从梦中惊醒。打开房门一看，哪里还有他的踪影。

是岁十月之望，步自雪堂①，将归于临皋。二客从予，过黄泥之坂。霜露既降，木叶尽脱，人影在地，仰见明月，顾而乐之，行歌相答。已而叹曰："有客无酒，有酒无肴。月白风清，如此良夜何？"客曰："今者薄暮，举网得鱼，巨口细鳞，状如松江之鲈。顾安所得酒乎？"归而谋诸妇，妇曰："我有斗酒，藏之久矣，以待子不时之需。"

于是携酒与鱼，复游于赤壁之下。江流有声，断岸千尺，山高月小，水落石出。曾日月之几何，而江山不可复识矣！予乃摄衣而上，履巉岩②，披蒙茸，踞虎豹③，登虬龙④，攀栖鹘之危巢，俯冯夷⑤之幽宫。盖二客不能从焉。划然长啸，草木震动，山鸣谷应，风起水涌。予亦悄然而悲，肃然而恐，凛乎其不可留也。反而登舟，放乎中流，听其所止而休焉。时夜将半，四顾寂寥。适有孤鹤，横江东来，翅如车轮，玄裳缟衣⑥，戛然长鸣，掠予舟而西也。

须臾客去，予亦就睡。梦一道士，羽衣蹁跹，过临皋之下，揖予而言曰："赤壁之游乐乎？"问其姓名，俯而不答。"呜呼噫嘻！我知之矣！畴昔⑦之夜，飞鸣而过我者，非子也耶？"道士顾笑，予亦惊寤。开户视之，不见其处。

注释

① 雪堂：苏轼被贬到黄州做团练副使时在黄冈城外东坡所筑，他自号为"东坡居士"。堂在雪中建成，他又将四壁画上雪景，故名。② 巉：险峻。③ 踞：蹲。虎豹：指形状像虎豹的石头。④ 虬龙：指形状像虬龙的树木。⑤ 冯夷：水神。⑥ 玄：黑色。缟：白色。⑦ 畴昔：往日，这里指昨日。

写作技巧

文章写作思路

①时间、行程、同行者

1. 写泛游之前的活动

②为泛游所做的准备

①描写初冬赤壁独特夜景

②描写作者登岸攀崖游山的情景

2. 写夜游赤壁

③又写孤鹤"横江东来"擦舟西去

①梦中见到夜里化作孤鹤的道士，表露内心苦闷

3. 写游后入睡醒来

②醒来"不见其处"，一笔双关，余味深长

方山子传

　　方山子是光州、黄州一带的隐者。他年轻的时候仰慕朱家、郭解的为人，乡里的游侠都尊崇他。他稍微长大些以后，改变了志趣而去读书，想要以此来驰骋当世，但是始终没有实现这个理想。到了晚年他就在光州、黄州之间一个叫岐亭的地方避世隐居，住在草庐里，吃些蔬菜素食，不与世人往来。他抛弃了车马，毁掉了书生的衣帽，徒步往来于山间。山里的人没有与他相识的，只是看到他戴的帽子又方又高，说："这不是古代方山冠遗留下来的模样吗？"于是就叫他"方山子"。

　　我谪居在黄州，有一次路过岐亭，正好碰到了他。我说："哎呀，这不是我的老朋友陈季常吗，怎么会在此地居住呢？"方山子也非常惊讶地问我为何到了这里，我告诉了他原因。他开始是低着头不说话，而后又仰面而笑，招呼我到他家里去住宿。我到了他家，看见他家中四壁空空如也，而妻子儿女、奴仆婢妾都显露出悠然自得的神情。

　　我感到十分诧异，自己想着方山子少年的时候，喜欢喝酒舞剑，挥金如土的情景。十九年前，我在岐山，看到方山子带着两个骑着马的随从，挟着两支箭，在西山游猎。忽然看到有鸟鹊从前面飞起，他叫随从追上去射下，但没有射中。方山子独自跃马而出，一箭便将其射落；因而又同我在马上谈论用兵之道以及古今成败之事，自认为是一代的豪杰。这才多少时日，英武勇猛的神气，还能在他的眉间看到，他怎么能是个山中的隐士呢？

方山子的家族世代都有功勋(xūn)，他应当得到一个官职。假如他一直为朝廷办差，左右逢源的话，现在也应该显达了。而他的家在洛阳，园林房屋雄伟壮丽，与公侯们的不相上下。他在河北有田产，每年能得到帛千匹之多，也是足以享受富贵安乐了；可这些他都不要，唯独来到山中。如果没有自得之乐的话，他会这样做吗？

我听说光州、黄州一带有很多奇异人士，他们往往是蓬头垢面，佯(yáng)装疯狂，我一直没有见到，方山子或许能见到他们吧？

方山子①，光、黄间隐人也②。少时慕朱家、郭解为人③，闾里④之侠皆宗之。稍壮，折节读书，欲以此驰骋当世，然终不遇。晚乃遁于光、黄间，曰岐亭，庵居蔬食，不与世相闻。弃车马，毁冠服，徒步往来山中，人莫识也。见其所著帽，方耸而高，曰："此岂古方山冠之遗像乎？"因谓之"方山子"。

余谪居于黄，过岐亭，适见焉。曰："呜呼！此吾故人陈慥季常也，何为而在此？"方山子亦矍⑤然问余所以至此者，余告之故。俯而不答，仰而笑，呼余宿其家。环堵萧然，而妻子奴婢皆有自得之意。余既耸然异之。独念方山子少时使酒好剑，用财如粪土。前十九年，余在岐山，见方山子从两骑，挟二矢，游西山。鹊起于前，使骑逐而射之，不获。方山子怒马独出，一发得之。因与余马上论用兵及古今成败，自谓一时豪士。今几日耳，精悍之色，犹见于眉间，而岂山中之人哉？

然方山子世有勋阀，当得官，使从事于其间，今已显闻。而其家在洛阳，园宅壮丽，与公侯等。河北有田，岁得帛千匹，亦足以富乐。皆弃不取，独来穷山中，此岂无得而然哉？

余闻光、黄间多异人，往往佯狂垢污，不可得而见。方山子傥见之欤？

注释

① 方山子：即陈慥，字季常。② 光：光州，治今河南潢川。黄：黄州，治今湖北黄冈。③ 朱家、郭解：二人均为西汉时的豪侠之士。④ 闾里：乡里。⑤ 矍然：吃惊的样子。

写作技巧

① 简介方山子生平，并说明得此称号的缘由

文章写作思路

⑤ 提及光州、黄州奇异人士众多

② 写作者遭贬路遇方山子，了解其隐居生活

④ 谈方山子摈弃荣华，远离尘嚣，隐居山林

③ 刻画方山子往日的英雄气概

苏辙

苏辙，字子由，眉州眉山（今四川眉山）人。北宋文学家。嘉祐二年（1057）与其兄苏轼中进士。神宗朝为制置三司条例司属官，因反对王安石变法，出为河南推官。哲宗时，召为秘书省校书郎。元祐元年（1086）为右司谏，曾任御史中丞、尚书右丞。后因上书反对时政出知汝州、再贬雷州安置，移循州。崇宁三年（1104）在颖川定居，自号"颖滨遗老"，以读书著述、默坐参禅（chán）为事。死后谥"文定"。"唐宋八大家"之一，与父苏洵、兄苏轼齐名，合称"三苏"。

六国论

　　我读过《史记》中六国世家的篇章，私下里感到奇怪的是：全天下的诸侯，凭着大于秦国五倍的土地，十倍于秦国的兵力，发愤向西攻打崤山西边方圆只有千里的秦国，却不免于灭亡。我常常认真思考这件事，认为一定有能够使他们得以保全的计策。因此我总是责怪那时候的谋士，认为他们考虑忧患的时候是很不周详的，看到的利益也只是表面上的一些小利，而并不知道天下的形势。

　　秦国和诸侯争夺天下的要害，不是在齐、楚、燕、赵，而是在韩、魏的城郊；诸侯要和秦国争夺天下的要害，不是在齐、楚、燕、赵，而是在韩、魏的野外。韩国和魏国的存在对于秦

国而言，就好像
人的心腹得了疾
病一样。韩国和
魏国位于秦国出
入关中的要冲之
上，庇护着崤山以
东的诸侯；所以在
全天下所看重的国
家当中，地位没有
超过韩国、魏国的
了。从前范雎^{jū}为
秦国所用，秦国
因此收服了韩国；
商鞅为秦国所用，
秦国因此收服了
魏国。秦昭王没
有得到韩国、魏
国的真心归附，
就出兵去攻打齐
国的刚地、寿地，
范雎为此而担忧，
于是秦国所顾忌

的事情就能够看到了。

　　如果秦国对燕国、赵国用兵，这是件危险的事情。越过韩、魏两国而去攻打别人的国都，燕国、赵国在前面抵抗，而韩国、魏国趁机在背后偷袭，这是非常危险的做法。而秦国攻打燕国、赵国，却没有遭韩、魏两国偷袭的忧虑，这是因为韩、魏两国归附了秦国的缘故啊。韩、魏两国是诸侯们的屏障，却使秦国可以在它们的国土上任意出入往来，这难道是知道天下的形势吗？让小小的韩、魏两国，来抵挡如虎狼一样的秦国，他们怎能不屈从而归附秦国呢？而后秦国得以出兵攻打崤山以东的诸侯，使天下遍受它所带来的灾祸。

　　韩国和魏国不能独自抵挡秦国，而天下的诸侯却要凭借它们来屏蔽西面的秦国，所以不如与韩、魏两国交好以排斥秦国。秦国人不敢越过韩、魏两国以窥视齐、楚、燕、赵等国，而齐、楚、燕、赵等国因而得以在其间自我保全。四个太平无事的国家，协助抵挡敌人的韩、魏两国，使韩、魏两国没有东顾之忧，而为天下挺身而出，抵挡秦兵。让韩、魏两国对付秦国，而四国在后方休养生息，并且暗中帮助韩、魏两国应对危难，如果这样就可以应付一切事情，那秦国又能有什么办法呢？六国诸侯不知道要采用这种策略，却只贪图边境上些微土地的利益，违背盟约，自相残杀。秦国的军队还没有出动，天下的诸侯自己就已经疲倦了。直到秦国人乘虚而入，吞并了他们的国家，这怎不令人悲哀呀？

原文欣赏

　　尝读六国世家，窃怪天下之诸侯，以五倍之地、十倍之众，发愤西向，以攻山西千里之秦，而不免于灭亡。常为之深思远虑，以为必有可以自安之计。盖未尝不咎其当时之士，虑患之疏而见利之浅，且不知天下之势也。

　　夫秦之所与诸侯争天下者，不在齐、楚、燕、赵也，而在韩、魏之郊；诸侯之所与秦争天下者，不在齐、楚、燕、赵也，而在韩、魏之野。秦之有韩、魏，譬如人之有腹心之疾也。韩、魏塞秦之冲，而蔽山东之诸侯，故夫天下之所重者，莫如韩、魏也。昔者范雎①用于秦而收韩，商鞅②用于秦而收魏。昭王未得韩、魏之心，而出兵以攻齐之刚、寿③，而范雎以为忧，然则秦之所忌者可以见矣。

　　秦之用兵于燕、赵，秦之危事也。越韩过魏而攻人之国都，燕、赵拒之于前，而韩、魏乘之于后，此危道也。而秦之攻燕、赵，未尝有韩、魏之忧，则韩、魏之附秦故也。夫韩、魏诸侯之障，而使秦人得出入于其间，此岂知天下之势耶？委区区之韩、魏，以当强虎狼之秦，彼安得不折而入于秦哉？韩、魏折而入于秦，然后秦人得通其兵于东诸侯，而使天下遍受其祸。

　　夫韩、魏不能独当秦，而天下之诸侯藉④之以蔽其西，故莫如厚韩亲魏以摈⑤（bīn）秦。秦人不敢逾（yú）韩、魏以窥齐、楚、燕、赵之国，而齐、楚、燕、赵之国，因得以自完于其间矣。以四无事之国，佐当寇之韩、魏，使韩、魏无东顾之忧，而为天下出身以当秦兵。以二国委秦，而四国休息于内，以阴助其急，若此可以应夫无穷，彼秦者将何为哉？不知出此，而乃贪疆场尺寸之利，背盟败约，以自相屠灭。秦兵未出，而天下诸侯已自困矣。至于秦人得伺其隙，以取其国，可不悲哉！

注释

① 范雎：魏国人，曾游说秦昭襄王，被任为秦相。② 商鞅：姓公孙，名鞅。曾经辅佐秦孝公变法，使秦国强盛起来。③ 昭王：即秦昭襄王。刚：即刚城，在今山东兖州附近。寿：即寿张，在今山东东平县北。④ 藉：同"借"。⑤ 摈：排斥。

思维导图

写作技巧

文章写作思路

①六国占据优势，却相继为秦所灭

1.欲擒故纵，引出论题

②因目光短浅，不知"天下大势"

反复论证秦与六国争天下，关键就在韩、魏

2.阐释"天下之势"

①举范睢商鞅的例子，证明秦国如果想得到天下，一定要先收复韩、魏

4.阐明构想的"自安之计"

3.从正反两面引例论证

山东诸国应"厚韩亲魏以摒秦"

②秦人远攻燕赵，没有韩魏之忧，因为韩魏已归附秦

王安石

　　王安石，字介甫，晚号半山，抚州临川（今江西抚州）人。北宋政治家、文学家。仁宗庆历二年（1042）进士。嘉祐三年（1058）上万言书，主张改革政治。神宗熙宁二年（1069）为参知政事，次年任宰相，积极推行新法，并取得了一定成就。由于保守派的反对，熙宁七年（1074）被免职，熙宁八年（1075）再任宰相，次年被迫辞职，后退居金陵，封荆国公，世称王荆公。他的文章议论宏大，言简意赅，条理分明，形成锋利峭拔的艺术风格。"唐宋八大家"之一。著有《临川先生文集》。

读《孟尝君传》

　　世人都说孟尝君善于收揽人才，人才也因此而尽归于他的门下，最终孟尝君也依靠他们的力量逃离了像虎豹一样残暴的秦国。

　　唉！孟尝君也只是鸡鸣狗盗之徒的首领而已，怎能称得上是善于收揽人才呢？不是这样的话，凭借着齐国强大的国力，得到一个真正的人才，就应该南面称王，从而制服秦国，哪里还用依靠那些鸡鸣狗盗之徒的力量呢？鸡鸣狗盗之徒出入他的门下，这正是真正的人才不投奔他的原因啊。

原文欣赏

世皆称孟尝君能得士[①]，士以故归之，而卒赖其力以脱于虎豹之秦。

嗟乎！孟尝君特鸡鸣狗盗之雄耳，岂足以言得士？不然，擅[②]齐之强，得一士焉，宜可以南面[③]而制秦，尚何取鸡鸣狗盗之力哉？鸡鸣狗盗之出其门，此士之所以不至也。

① 孟尝君：战国时齐国人，以广纳人才、礼贤下士著称于世。② 擅：占有。

③ 南面：古代以坐北朝南为尊位，故帝位面朝南，因而代称帝位。

写作技巧

文章写作思路

1. 立

摆出对孟尝君的传统看法。"孟尝君能得士，士以故归之"

2. 驳

孟尝君只是鸡鸣狗盗之徒的首领，他们不足以称"士"

3. 转

用反证法加深反驳之意。如果齐国得"士"，应该制秦称霸，无须借助他力

4. 断

承接上文，解析孟尝君不得"士"的原因

游褒禅山记

褒^{bāo}禅山也叫华山。唐代和尚慧褒当初在这里筑室居住，死后又葬于此地。因为这个缘故，后人就称这座山为褒禅山。今天人们所说的慧空禅院，就是慧褒和尚的房舍和坟墓。距离那禅院东边五里的地方，就是人们所说的华山洞，因为它在华山南面，所以这样命名。距离山洞一百多步，有一座石碑倒在路旁，碑上的文字模糊不清，只有"花山"两个字还能勉强辨认出来。现在读"华"字，如同"华实"的"华"，大概是读音上的错误吧。

山下平坦而空阔，有一股山泉从旁边涌出，在这里来游览、题记的人很多，这就是人们说的"前洞"。由山路向上五六里的地方，有个洞穴，一派幽深的样子，进去便感到很寒冷，问它的深度，说是即使是那些喜欢游历探险的人也没能走到尽头，这就是人们所说的"后洞"。我与四个人拿着火把走进去，入洞越深，前进的道路就变得越难于行走，而所见到的景象也越奇妙。有个疲倦而想要出来的人说："再不出去，火把就要烧完了。"于是便跟着他一同出来了。我们走进去的深度，比起那些喜欢游历探险的人来说，大概还不足他们的十分之一；然而看看左右的洞壁，来到这里题记的人已经很少了，大概洞内更深的地方，到达的人就更少了。这个时候，我的体力还足以深入下去，火把也足够继续照明。我们出洞以后，就有人埋怨那个想要出来的人，我也后悔跟他出来，而未能极尽游洞的乐趣。

于是我有所感慨：古人观察天地、山川、草木、虫鱼、鸟兽，往往有所心得，这是因为他们探究思考得深入而且广泛周密。那些平坦而又容易到达的地方，游览的人会很多；那些险阻而又偏远的地方，游览的人便会很少。但是世上那些奇妙雄伟、瑰丽而非同寻常的景观，常常在那险阻僻远、人迹罕至的地方，所以不是有志的人是不能到达的。有志向，不盲从别人而停止，但是体力不足的，也不能到达。有了志向与体力，也不盲从别人而有所懈怠，但到了那幽深昏暗、令人迷惑的地方，却没有必要的物件来支持，也是不能到达的。然而在力量足以到达的时候却没有达到，在别人看来是可以讥笑的，对自己来说也是有所悔恨的。已经尽了自己的努力而仍然未能达到的，便可以没有悔恨了，谁还能讥笑他呢？这就是我这次游山的心得。

我对于倒在地上的石碑，又产生了些许感慨。古代书籍文献的散失，后世的人以讹传讹，竟无法说明，这样的事情还说得完吗？这就是做学问的人为什么不可以不深入思考、慎重取舍的原因啊。

同游的四人是：庐陵的萧君圭（guī），字君玉；长乐县的王回，字深父；我的弟弟安国，字平父；安上，字纯父。

原文欣赏

　　褒禅山[①]亦谓之华山。唐浮图[②]慧褒始舍于其址，而卒葬之，以故其后名之曰褒禅。今所谓慧空禅院者，褒之庐冢也。距其院东五里，所谓华山洞者，以其乃华山之阳名之也。距洞百余步，有碑仆道，其文漫灭，独其为文犹可识，曰"花山"。今言"华"如"华实"之"华"者，盖音谬也。

　　其下平旷，有泉侧出，而记游者甚众，所谓"前洞"也。由山以上五六里，有穴窈然[③]，入之甚寒，问其深，则其好游者不能穷也，谓之"后洞"。予与四人拥火以入，入之愈深，其进愈难，而其见愈奇。有怠而欲出者，曰："不出，火且尽。"遂与之俱出。盖予所至，比好游者尚不能十一，然视其左右，来而记之者已少。盖其又深，则其至又加少矣。方是时，予之力尚足以入，火尚足以明也。既其出，则或咎其欲出者，而予亦悔其随之，而不得极乎游之乐也。

　　于是予有叹焉。古人之观于天地、山川、草木、虫鱼、鸟兽，往往有得，以其求思之深而无不在也。夫夷以近，则游者众，险以远，则至者

少。而世之奇伟瑰怪、非常之观，常在于险远，而人之所罕至焉，故非有志者不能至也。有志矣，不随以止也，然力不足者，亦不能至也。有志与力，而又不随以怠，至于幽暗昏惑，而无物以相^④之，亦不能至也。然力足以至焉，于人为可讥，而在己为有悔。尽吾志也而不能至者，可以无悔矣，其孰能讥之乎？此予之所得也。

予于仆碑，又有悲夫古书之不存，后世之谬其传而莫能名者，何可胜道也哉！此所以学者不可以不深思而慎取之也。

四人者：庐陵^⑤萧君圭君玉，长乐^⑥王回深父，予弟安国平父、安上纯父。

注释

①褒禅山：在今安徽含山北。 ②浮图：指佛教徒，即和尚。 ③窈然：幽深的样子。 ④相：辅助。 ⑤庐陵：今江西吉安。 ⑥长乐：今福建长乐。

写作技巧

文章写作思路

①记述褒禅山命名的由来

②记叙游览褒禅山后洞的情形

③写未能深入华山后洞所产生的感想

④写由于仆碑而引起的联想

⑤记下同游者姓名和写作时间

图书在版编目（CIP）数据

藏在古文观止里的那些事儿：思维导图彩绘版. ⑨，
宋文 / 新新世纪编 . -- 五家渠：新疆生产建设兵团出
版社 , 2022.3

ISBN 978-7-5574-1782-6

Ⅰ . ①藏… Ⅱ . ①新… Ⅲ . ①古典散文－散文集－中
国②《古文观止》－青少年读物 Ⅳ . ① H194.1-49

中国版本图书馆 CIP 数据核字（2022）第 032750 号

责任编辑 : 吴秋明

藏在古文观止里的那些事儿：思维导图彩绘版. ⑨，宋文

出版发行	新疆生产建设兵团出版社	
地　　址	新疆五家渠市迎宾路 619 号	
邮　　编	831300	
电　　话	0994-5677185	
发　　行	0994-5677116	
传　　真	0994-5677519	
印　　刷	三河市双升印务有限公司	
开　　本	710 毫米 × 1000 毫米　1/16	
印　　张	35	
字　　数	30 千字	
版　　次	2022 年 3 月第 1 版	
印　　次	2022 年 4 月第 1 次印刷	
书　　号	ISBN 978-7-5574-1782-6	
定　　价	198.00 元	